写给孩子的简明中国史

春秋战国

李中跃◎主编　罗玉池◎著

山西出版传媒集团 山西人民出版社

序言

少年智则国智，少年强则国强。少年一代，对于一个国家和民族的意义举足轻重。国家兴亡，匹夫有责。热爱祖国，就要熟知自己国家源远流长的历史。

以铜为镜，可以正衣冠；以史为镜，可以知兴替；以人为镜，可以明得失。历史的阅读和陶冶，当从孩子抓起。

"写给孩子的简明中国史"丛书，是一套专为 8~14 岁的孩子量身打造的简明历史读物，精选中国几千年历史长河里典型的人物和事件，从少年学生的心理和视角出发，进行书写和解读。

读史可以明智怡情，更可以开阔眼界胸怀。

上古时代，我们的先祖留下了怎样美丽动人的历史传说？

尧舜禹，夏商周，各自有着怎样的治国理政得失？

"六王毕，四海一""千古一帝"秦始皇有着怎样前无古人的丰功伟绩？一统天下的秦帝国又为何二世而亡？

诗经汉赋，唐诗宋词，有着怎样动人心魄的文字魅力？商周青铜，秦砖汉瓦，有着怎样美轮美奂的流光溢彩？

"百家争鸣"为现代的我们留下了哪些可资借鉴的精神食粮？

"四大发明"如何漂洋过海，影响人类历史的进程？

　　"闭关锁国"，让盲目自大的清政府是如何日益衰落，不堪一击的？"我以我血荐轩辕"，不甘落后、奋发担当的仁人志士又是怎样变法图强，以身报国，终于迎来新的曙光？

　　秦皇汉武，唐宗宋祖，大国威仪，万邦来朝。

　　历史悠久，文明灿烂，地大物博，人杰地灵。

　　从先秦到民国，一曲曲感人的长歌，一幅幅动人的画卷，一幕幕难忘的历史场景，既是先人们愈行愈远的历史记忆，也是我们应该永远留存发扬的珍贵遗产。

　　无论纵向还是横向，无论宏观还是微观，相信这套"写给孩子的简明中国史"能成为每一个孩子必不可少的历史入门书，让他们在了解历史的同时，能够增长智慧，成就自己。

　　历历在目的历史事件，栩栩如生的历史人物，都会在孩子阅读的时候一一呈现，让孩子在掩卷长思时，获得愉悦的阅读体验和有益的人生思考。

　　历史仿佛如此悠远，历史又仿佛就在我们眼前，因为一切就在这套丛书生动有趣的娓娓道来中，就在孩子心驰神往、爱不释手的阅读中。

时代背景

SHI DAI BEI JING

001

历史事件

LI SHI SHI JIAN

005

历史人物

LI SHI REN WU

053

大事记

DA SHI JI

092

时代背景

SHI

DAI

BEI

JING

群雄争霸的时代

　　西周时期，周天子有着天下共主的威权，"礼乐征伐自天子出"。但西周灭亡后，平王东迁，东周开始，周王室开始变得软弱无能，诸侯国群雄并起，周王朝渐渐失去了对各封地的威慑力。大国争相充当霸主，于是引发了诸侯国之间几百年的战争，强大的诸侯国脱颖而出，如春秋时期以齐国为首的"春秋五霸"，战国时期的"战国七雄"。这便是历史上的"春秋战国"，即从公元前770年到公元前221年。

　　春秋战国的几百年间，中国社会发生了巨大变化。为了富国强兵，在诸侯间立于不败之地，各国的改革变法接连不断，新的国家制度慢

▲曾侯乙编钟

慢成形；同时，春秋战国时期的文化也空前繁荣。杰出的学者聚徒讲学，著书立说，这时期出现了许多在历史上留下浓墨重彩的大思想家，如孔子、老子、庄子、孟子等，儒家、道家、墨家、法家等学派不断涌现，"百家争鸣"的思潮就此出现，他们的思想至今影响着中国人的精神世界。除此之外，文学艺术也有很大的发展。我国第一部诗歌总集《诗经》，楚国大诗人屈原所作的《离骚》等，都是中国文学史上的不朽经典。

总的来说，从春秋到战国，这段战乱连年又动荡不安的时代，正是中国历史上极其重要的变革期。

何必班荊坐論舊相
評魚樂立移時我非
子故不知子子固非魚
魚豈知漁兄

历史事件

SHI

SHI

JIAN

春秋五霸

春秋初期，列国纷争，郑国本是其中最强大的国家，但因为内乱而逐渐衰落。这时候，齐国的君主齐桓公在一帮仁人志士的辅佐下，逐渐强大起来，最终将诸侯领导者的地位取而代之，成为春秋五霸之首。

❶ 春秋五霸之首齐桓公

齐国位于今天的山东一带，是西周时期姜子牙的封地。依靠得天独厚的地理位置，经过十多任国君的大力发展，齐国成为春秋时期的强国。但仅凭这些不能使齐国称霸，齐桓公能成为春秋五霸之首，少不了一代名相管仲的辅佐，而管仲与齐桓公的故事也十分传奇。

惊险继位

齐襄公在位时，因为他的昏庸凶残，导致齐国一片混乱，不久齐襄公就被公孙无知等人杀死了。之后，自立为君的公孙无知亦被人杀害，可能继位的是齐襄公的两位同父异母的弟弟——公子纠和公子小白。管仲、召忽保护公子纠逃到了鲁国，鲍叔牙保护公子小白逃到了

▲汉画像石《管仲射小白》

莒国。政变后，公子小白和公子纠都急忙赶回齐国准备继承国君之位。谁第一个抵达，谁就最有可能继承。公子小白提前得到消息，立马赶回齐国。鲁国听说以后也派兵送公子纠回国，并派管仲带人堵截公子小白。管仲等人袭击了小白的车队，并一箭射中了公子小白的带钩。公子小白为了迷惑管仲，便倒地装死。在公子纠等放松警惕慢慢赶路时，公子小白快马加鞭地赶回齐国，继承了国君之位，是为齐桓公。

管仲拜相

　　齐桓公继任之后，杀死了公子纠，并俘虏了管仲。齐桓公为了报一箭之仇，也想杀死管仲，但鲍叔牙却举荐管仲为齐国的国相。鲍叔牙对齐桓公说："若君主只想治理好齐国，用我鲍叔牙就够了，但是如果您想做天下的霸主，那么非立管仲为相不可。管仲在哪个国

管鲍之交

春秋时，齐国人管仲和鲍叔牙相知极深，后常比喻交情深厚的朋友。出自《列子·力命》。

▲管仲像

家，哪个国家就会强盛。"齐桓公最终听从了鲍叔牙的意见，决定不计前嫌，任用管仲为齐国的国相。

管仲出任齐国的国相之后，大力进行改革。他首先改革了齐国的用人制度，规定任命一切官员时，都必须根据实际的政绩，即要有取信于民的真实政绩。其次，管仲还将"士农工商"列为国家的基石，使得各个阶层的老百姓都能有稳定的生活。在外交上，管仲提出了"尊王攘夷"的主张。管仲在齐国推行的这一系列改革，奠定了齐国称霸的基础。

庭燎求贤

为了进一步发展齐国，齐桓公一直求贤若渴。他在大庭中燃起火炬，等待贤士。这是春秋时期招待宾客的最高礼仪。但一年过去，一个人也没有来。有一天，一个住在城东郊外的下等人说自己擅长九九算法，求见齐桓公。齐桓公说，九九算法这样的小把戏，有什么资格求见。

来人回答道："大山不拒绝细小的石头才成为大山，江海不拒绝细小的溪流才成为大江大海。九九算法虽然不是高深的学问，但如果您能以礼相待，还怕比我高明的人不来吗？"齐桓公深以为然，以最高礼节款待了他。果然，一个月后，能人志士从四面八方接踵而来，齐桓

▲（鎛）青铜鎛。春秋时代的一种乐器，其上铭文记载了鲍叔牙有功于齐国并受齐桓公的赏赐。

公都以极高的礼节接待了他们。

除此之外，齐桓公还在齐国设立许多驿站，备好食物，接待各方官吏和来客。就这样，齐国人才济济，成了齐桓公实现霸业的一大基础。

尊王攘夷

在当时，中原内部尚动荡不安。最主要的原因有两个，一个是周边戎狄部落侵扰，另一个则是周王室的地位愈加衰微。如果想要成为霸主，就一定要解决这两个问题。于是，齐桓公听从了管仲的建议，打出"尊王攘夷"的旗号，借着尊崇周天子的名义，团结其他诸侯国，攻打戎狄和南边的楚国，在一连串的战争中树立了自己的权威。

公元前 651 年，齐桓公感到称霸的时机已经成熟，便在葵丘举行会盟，订立盟约。各方诸侯都来参会，连周天子都派使者前来参加，正式承认了齐桓公的霸主地位，自此齐桓公成为春秋时期第一个霸主。

公元前 645 年，管仲去世。齐桓公失去了名相的辅佐，霸主地位渐渐不能维持。公元前 643 年，齐桓公去世，齐国再次发生内乱，国力开始衰落。

❷ "仁义"之君宋襄公

与齐国这样的大国不同，宋国一直是个小国，但宋襄公想改变这一状态。

与齐交好

宋襄公的第一步是在诸侯间树立一个贤君的名声。在父亲宋桓公病重之时，宋襄公主动提出将太子之位让给庶出的兄弟。

让位当然没有实现，但是宋襄公却因此赢得了谦逊仁厚的美名。

接下来，宋襄公积极与大国结盟，在当时，齐国自然是不二之选。齐桓公在葵丘会盟之时，宋襄公的父亲刚刚去世，宋襄公穿着孝服就火急火燎地赶去朝拜。这一行为打动了齐桓公，获得了齐桓公的信任，使得齐桓公最终把齐国的继承人公子昭也托付给他照顾。宋襄公也借此一跃成为诸侯中的新星。

在这些基础上，宋襄公开始对外收服一些小的诸侯国，慢慢壮大了自己的实力。不过，真正的转折点是与齐国的大战。

称霸失败

齐桓公死后，齐国内乱，宋襄公凭借当年托孤的约定，联合几个小国出兵齐国。当时的齐国军队人心涣散，一触即溃，宋襄公接连获胜，最终拥立公子昭为国君。宋襄公打败了曾经的强国军队，心里有些飘飘然，自认为国力强盛，足以取代齐国成为新的盟主。然而愿意追随宋国的诸侯寥寥无几，宋襄公决心利用楚国的影响力，便组织了一场鹿上之盟，邀请齐国和楚国两个大国结盟，想借此号令其他诸侯。

可没想到，宋襄公的如意算盘打错了。楚国人表面答应了请求，却在暗地里布下天罗地网。宋襄公想彰显自己有信有义的名声，不带一兵一卒就前去赴会。结果楚国趁机把他抓住，起兵伐宋。

鲁国出面调解，楚国才放宋襄公安然回国。但宋襄公仍旧执迷不悟，回国后准备联合其他国家攻打郑国。郑国得到消息后，前往楚国搬救兵。楚国不容他猖狂，就起兵攻打宋国。面对楚国的进攻，宋襄公的大臣劝诫他不要蛮干，但宋襄公一意孤行，起兵与楚军在泓水开战。

"仁义"之师

这场本可能有胜算的战争，却因为宋襄公的"仁义"而惨败。宋军兵少，早早完成了排兵布阵，而楚军这时候还未完全渡河。宋襄公的大臣劝他："他们兵多，我们兵少，硬碰硬肯定打不过，不如趁他们渡河的时候偷袭他们。"但宋襄公认为这违背了他的"仁义"信念，拒绝了这个建议。等到楚军全数过河，正在排阵，宋国大臣又建议此时进攻，宋襄公始终不肯。等到两军正式开战，宋军果然大败，宋襄公也受了重伤。后来人们抱怨宋襄公，但宋襄公却说，即使失败，君子也需要遵守仁义。

不过，国家之间的战斗是残酷的，宋国经此一战更加衰弱，宋襄公不久后也伤重去世。宋国的霸业就此草草地结束了。

❸ 流亡公子晋文公

当齐桓公在洛邑以东大会诸侯，成为一代霸主时，洛邑以西的两个国家也渐渐兴盛，其中一个是晋国。后世常常把晋文公和齐桓公并称为"齐桓晋文"。

被迫流亡

晋文公的故事要从他的父亲晋献公开始说起。晋献公奠定了晋国强盛的基础，他雄才大略，到处开疆拓土，让晋国在诸侯间的地位越来越高。不过他的家庭关系却是一团乱麻，终酿成了晋国的内乱。

晋献公先娶了贾国的女儿做夫人，没有儿子。于是他又娶了齐桓公的女儿齐姜为妻，其所生的儿子申生被立为晋国太子。后晋献公又娶了戎国的两个女子，分别得了两个儿子——重耳和夷吾。最后，他又收了骊戎的骊姬和她的妹妹为妾，她们很受晋献公的宠爱，分别为他生了一个儿子。

骊姬想立自己的儿子为太子，便蛊惑晋献公派其他三个儿子去守卫边疆，只留自己和妹妹的儿子在都城。紧接着，她用计陷害太子申生，说他企图杀死晋献公，最终把申生活活逼死。不仅如此，骊姬还污蔑重耳和夷吾也参与了谋杀，逼得二人只能逃亡其他国家。就这样，晋文公重耳被迫在外流亡19年。

晋献公去世后，骊姬的儿子成为国君。但是拥立申生、重耳和夷吾的大臣们起兵反抗，杀掉了当时的国君，晋国进入了群龙无首的混乱状态。

终回故国

公子重耳自从流亡到国外后，十几年的生活都十分安逸。他谦虚好学，善于结交有才能的人，深受各个国主厚待，还娶了齐桓公的宗室之女，所以他并不想回国。他的随行臣子和妻子都劝说他应当以事业为重，不能贪图享乐，重耳仍旧一意孤行。无奈之下，他的妻子只能和他的随从同谋，用酒将重耳灌醉，想悄悄将重耳送回晋国。重耳在半路上

▲南宋·李唐《晋文公复国图》

退避三舍

意思是主动退让九十里。比喻为避免冲突主动退让和回避。古代一舍为三十里。出自《左传·僖公二十三年》。

醒来，火冒三丈，但也无可奈何。

重耳他们周游列国，来到了楚国。楚王很欣赏重耳，在酒席上一再询问他，如果帮助他回到晋国为王，能有什么回报。重耳答道："如果将来晋楚两军交战，晋军一定会先退避三舍，来求得休战。"楚王欣然，用重金护送重耳去了秦国。

秦穆公同样十分欣赏重耳，想扶持重耳为新的国君，便趁晋国人心涣散，出兵将重耳送回晋国夺得国君之位，重耳即位，为晋文公。秦国还进一步帮助他除去敌对势力，并送去三千兵马帮助其镇压内乱。

晋文公继位以后，勤于军政，选贤任能，开源节流。晋国在他的治理下越发兴盛。他一面出兵勤王，一面联合秦国攻打楚国周边的国家，在诸侯中的威望越来越高。终于，过了几年，晋文公和盛极一时的楚王在战场上相见了。

城濮大战

公元前 633 年左右，楚国发兵进攻宋国，宋国向晋国求救。楚王知道晋文公的聪明才智，听说他在暗中帮忙后，就让自己的手下立即离开宋国，不要与晋国作对。但楚军将领子玉却很不以为然，要求出兵攻打晋文公。

晋文公一面离间楚国和其盟国之间的关系，一面故意激怒楚军。

子玉十分恼怒，起兵进攻晋军。晋文公遵守了从前对楚王的承诺，退兵九十里，避让楚军。楚军中的其他将领都反对继续追击，但子玉恼羞成怒，继续前进，最终与晋军对峙于城濮。晋文公早已用计得到了齐、秦、宋的援兵，再加上高超的军事谋略，大败楚军，子玉含恨自杀。

晋文公凭借城濮之战大大提升了自己的威望。大战后不久，他召集诸侯，在践土举行会盟，正式确立了他的霸主地位，拉开了称霸中原的序幕。

❹ 称霸西戎的秦穆公

和晋国一样，秦国也是洛邑以西的一个大国，两国的关系错综复杂。经过多年的经营，到秦穆公时，秦国已经小有家业。秦穆公年轻有为，即位不久就大败周边的戎族。

秦晋之好

想要称霸诸侯，不能仅仅依靠武力，还要善于利用外交关系。秦穆公深谙其道，便向当时的强国晋国请求联姻，晋献公把自己的女儿伯姬许配给了他。后来晋国内乱，伯姬的弟弟夷吾在秦国的帮助下，成了晋国新的国君，但不久又因恩将仇报被秦国捉了回去。幸好伯姬求情，还让自己的儿子作为人质，夷吾才被放过一马。

为了控制晋国，秦穆公把自己的女儿嫁给了当时晋国的太子。没想到太子也背信弃义，抛下妻子回到晋国做了国君，与秦国不相往来。秦穆公大怒，决定扶持公子重耳（也就是后来的霸主晋文公），拿回王位，他还把自己的女儿改嫁给晋文公。至此，秦穆公与晋国的关系更加稳固。

九方皋相马

秦穆公明白，如果想要称霸天下，还需要贤士相助。有一天，他召见了善于相马的伯乐，想让他推荐能够识别好马的人。伯乐给他推荐了一个担柴挑菜的人九方皋（gāo）。于是，秦穆公派他去寻找好马。

▲徐悲鸿《九方皋相马图》

　　三个月后，九方皋回来报告秦穆公："我已经找到一匹好马。"秦穆公问是什么样的马，九方皋回答说是黄色的母马。秦穆公派人将马牵来一看，却发现是一匹纯黑的公马。秦穆公很不高兴，向伯乐抱怨："你找的人连马的毛色和公母都不知道，怎么能识别好马呢？"伯乐一听，长叹一声，说道："难道九方皋相马已经达到了这样的境界？他已经胜过我千百倍了。"

　　秦穆公不解，伯乐继续解释说："九方皋所观察的是马的内在天

赋，而不是它表面的形象。他只关注他需要关注的，而遗漏不需要观察的。这才是真正高明的相马。"果然，经过驯养，这匹马成为天下难得的好马。

秦穆公由此受到启发：招揽人才也是如此，不要拘泥于地域和年龄等外在的形式，要看到人才的真正能力。于是，他派人到各处不拘一格地招揽人才。

羊皮换贤

秦穆公还历经千辛万苦寻得了两位有才干的贤士，成为他称霸西戎的得力助手——百里奚、蹇（jiǎn）叔。

百里奚是虞国的大夫，后来成为晋国的战俘，晋献公把他作为女儿的陪嫁送往秦国。但没想到百里奚中途逃跑，被楚人捉住并成为奴隶。秦穆公对百里奚的才能早有耳闻，本想用重金将他赎回，但又担心楚人因此知道百里奚的才能而不愿交换，就故意说他是一名不值钱的奴隶，打算用五张公羊皮买他。楚人看百里奚年迈无力，不经思索便同意了。

▲百里奚像

百里奚回到秦国，秦穆公立刻让他参与讨论国家大事。百里奚推辞说，自己只是一个亡国之臣，哪有什么资格讨论治国的道理。秦穆公说："虞国国君不用您，所以亡国了，这不是您的过错。"秦穆公坚持请教，与百里奚畅谈三天三夜后，非常高兴，把国家政事交给了他，尊称他为五羖（gǔ）大夫。

秦穆公后想将百里奚封为国相，但百里奚婉拒，转而力荐蹇叔，称赞他的才能和眼光。秦穆公一听，立即请蹇叔到秦国为官。百里奚和蹇叔一起，共同帮助秦穆公执掌朝政，很快让秦国强盛起来。

由于秦国的东边被晋国所限制，秦穆公转而将自己的称霸理想锁定在了西边的土地。秦穆公率领将士一路向西，大败一直在秦国边界骚扰秦国百姓的西戎部落。在经过多次大战后，秦国兼并了西边数十个部族，开辟了千里国土，称霸西戎，周天子也差使者带上礼品前去祝贺。秦穆公正式成为春秋五霸之一。

⑤ 韬光养晦的楚庄王

与其他诸侯国在黄河边不同，楚国是在长江边发展起来的。在很长时间内，楚国被其他国家排除在华夏文明之外。直到进入春秋时期，楚王才得到周王室的承认，但楚国的疆域是春秋诸国中最广的，其实力不容小觑。

祸起前朝

楚庄王即位的时候只有二十岁左右，正值中原霸主晋国衰落，楚国国力日渐强盛。这本是称霸中原的好时机，无奈楚国国内并不太平。祸根要从楚武王的时候说起。

楚武王是春秋时期楚国十分有作为的君主。在那时，楚国最有势力的家族叫作若敖（áo）氏。这个家族曾经是楚国的王族后裔，在楚武王开疆拓土的过程中，他们功不可没，因此他们逐渐掌握了国家大权。

楚武王去世后，楚文王继位。这时候，楚国刚刚经历内乱，国力衰微，若敖氏家族又挺身而出，帮助国家走出困境。这也使得若敖氏家族权倾朝野，甚至楚王都只能对他们唯命是从。

公元前 672 年，楚成王继位。他积极与各诸侯修好关系，开拓疆域。同时，齐国势力开始衰落，大部分中原国家开始臣服于楚国，唯一可与楚国抗衡的大国就是晋国。在与晋国的战争中，楚军大败。但这对楚成王来说，也并非一件坏事，因为指挥作战并牺牲的正是若敖氏家族的大将，这帮助他大大削弱了若敖氏家族的势力。

公元前 626 年，楚穆王继位。但因为弑父为君，楚穆王一直不得人心，并且与若敖氏的家族关系十分紧张。公元前 614 年，楚穆王去世，楚庄王继承王位后不久，若敖氏发动政变，挟持了楚庄王。

忍辱负重

尽管这场政变最终以失败告终，但年轻的楚庄王吓得不轻，他感到自己无力左右国家的政局，认为如果现在与若敖氏硬碰硬，无异于自取灭亡。于是，他决定韬光养晦，表面上假装日夜作乐，无心管理朝政，但实际上暗中观察和区分朝堂上的敌人和朋友，逐步控制楚国的军队，了解其他国家的情况，为之后夺回权力做准备。

三年间，楚庄王"纵情歌舞"。一些支持他的大臣并不知道他的打算，看着很是担心。有一天，大臣借着一个谜语想提醒他："楚国的都城有一只大鸟，栖息在朝堂之上，过了三年，不鸣叫也不起飞，您猜猜这到底是什么鸟呢？"楚庄王一听，心中明白大臣的意思，笑着回答说："它可不是一只普通的鸟。它三年不飞，一飞冲天；三年不鸣，一鸣惊人。您且耐心地等着吧！"大臣听了后，也明白了楚庄王的意思，放心地退下了。

一鸣惊人

果然，不久后楚庄王终于等来了机会。那年，楚国出现了饥荒，周边的小国起兵进攻楚国，国家危在旦夕。若敖氏主张迁都，而他们的政敌主张出师迎战。楚庄王选择了后者，他运筹帷幄，

> **问鼎中原**
>
> 比喻企图夺取天下。来源于楚庄王询问周朝九鼎大小，企图夺取天下的故事。出自《左传》。

▲云纹铜禁。云纹铜禁是春秋中期青铜器，出土于春秋楚墓，是中国迄今发现的最早的失蜡法铸件。

联合其他国家赢得了战争，也使更多诸侯国再次臣服于楚。这场战争，不仅让楚庄王在国内声名鹊起，也让若敖氏走上了权力的下坡路。

公元前 606 年左右，楚庄王继续不断攻伐北方，势力愈盛，甚至还去问周天子的鼎有多重，想要与周天子比一比权力的大小。当时楚庄王率兵攻打到周王朝都城洛邑附近，周定王吓坏了，派大臣王孙满前去慰问楚军。楚庄王和王孙满交谈时，问王孙满："九鼎的大小、轻重是多少？"九鼎是周王室权威的象征，如此问足以表示楚庄王有夺取周天子权力的野心。但王孙满回答道："统治天下在于道德，不在于鼎的大小轻重。虽然周朝现在的德行衰减了，可天命还没有改变。所以，这九鼎的大小轻重还是不能随便问的。"楚庄王自己知道当时还没有灭掉周朝的条件，也就带兵回到楚国。之后不久，若敖氏的一个高官不满意楚庄王支持自己的政敌，发动了新的政变，想要杀死楚庄王。楚庄王平定了政变，楚国第一大家族若敖氏也因此覆灭。

从此，楚王在国内掌握了绝对的权力，开始心无旁骛地北上争霸。最终，数年后楚国与晋国爆发了第二次战争——邲（bì）之战，并在决战中大获全胜，迫使郑国、鲁国等国家归附。至此，楚庄王成为新的中原霸主。

春秋晚期：吴越争霸

楚庄王去世后，楚国的霸业渐渐衰落。曾经的中原霸主晋国经过几代的经营，渐渐超越楚国，成为楚国在中原的一大劲敌。两个国家经过长年的拉锯战，最终举行了两次和谈，大大减少了战争。

随着中原的争霸之战逐渐尘埃落定，南方的吴国和越国发展壮大起来，成为新兴的强国。吴、楚、越三国开始相互斗争。楚国因国内动荡，国势衰微，常常受到吴国的侵扰。南方的争霸，主要是在吴国和越国之间进行。

❶ 吴越结怨日深

吴越之间的矛盾是在吴王余祭时结下的。当时，吴国攻打越国，抓了一个越人做俘虏，并且砍了他的脚，派他去看守船只。公元前544年，吴王余祭前去当地时被越国的俘虏刺死了。之后，吴国攻打楚国时，越国也经常趁机捣乱。就这样，两个国家积怨越来越深。

公元前496年，越王勾践即位。吴王阖闾（hé lǘ）亲自率兵趁机攻打越国，勾践起兵抵抗。越军想出一条妙计：从牢房里抓出一些死刑犯，让他们各自把剑勒在颈上，朝着吴军自刎。吴军一看，觉得很奇怪，注意力都被吸引了过去。这时，越军趁势而攻，吴军被打得措手不及，吴王阖闾也因此身受重伤，不久之后就去世了。

从此，吴越的仇恨越发加深。吴王阖闾的儿子夫差即位，他派人每天在庭中提醒自己："夫差，你忘了越王的杀父之仇吗？"夫差愤恨地回答："绝不敢忘！"就这样，夫差励精图治，招兵买马，时刻准备着报仇。

❷ 吴王放虎归山

三年过去了，吴王夫差准备得越发充分。越王勾践也听闻了吴王一直想要为父报仇，不顾大臣阻拦，决定先发制人，攻打吴国。吴王夫差得知后，率领全军战士严阵以待。双方于夫椒山展开激战。越军大败，吴国乘胜追击，攻入了越国的都城会稽。越王勾践率领残兵五千人退守会稽山，吴军率兵将他们团团围住。

危难之中，勾践听从大臣建议，准备厚礼，卑贱地向吴王求和。第一次，夫差拒绝了。于是勾践贿赂吴国的宰相，请他再次说服夫差同意求和。大臣伍子胥极力阻止，认为这是放虎归山，日后必将后悔。但吴王夫差已经被胜利冲昏头脑，欣然应允，但提出一个条件，那就是越王勾践和越国大臣范蠡（lǐ）作为人质待在吴国。

▲越王勾践剑　　　　　▲吴王光剑

❸ 越王卧薪尝胆

这场战争后，越王勾践则根据承诺，带着妻子和大臣到吴国伺候吴王，放羊牧牛，除此之外，夫差还把他们当作下人对待，让他们做很多脏活累活。勾践忍辱负重三年，最终赢得了夫差的欢心回到越国。

回到越国后，勾践立志报仇雪恨。为了不被安逸的生活消磨意志，他每天晚上都枕着兵器，睡在稻草堆上，还在房中挂了一颗苦胆，每天早上起来尝一口。他还每日跑到农田与农夫们一起耕地干活。这些举动感动了越国上下，大家齐心协力，经过十年的艰苦奋斗，终于让越国兵强马壮。同时，为了麻痹吴国国君，范蠡精心挑选了一位越国美人献给了夫差，这位美人就是西施。吴王夫差十分喜欢西施，天天与她饮酒作乐，开始变得无心朝政。

这十年间，吴王夫差还把心思放在了北上与晋国争夺盟主上。在吴国的一次北伐中，越王勾践趁机率领越军偷袭吴国，攻入吴都，杀死吴国的太子。吴王得知，生怕消息走漏，勉强争得盟主的头衔后才回国与越讲和。公元前473年，勾践又率兵攻打吴国，大获全胜。夫差又派人求和，被勾践直接拒绝。吴王夫差这时候才为自己当年放虎归山懊悔不已，拔剑自尽。

越王勾践灭吴后，也开始经营北方，在徐州与各诸侯会盟，最终被诸侯国尊为"霸主"。到勾践称霸之时，春秋时代也几乎告终了。

▲五代·周文矩《西子浣纱图》

战国的开端：各国易主

经过春秋时期旷日持久的争霸战争，周朝境内的诸侯国数量大大减少。到公元前453年，晋国的赵、魏、韩三大家族推翻晋国的国君，自立为国，史称"三家分晋"；而齐国的田氏家族则成为新的齐国领袖，又称"田氏代齐"。如此种种，昭示着战国时期的开始。

❶ 三家分晋

周代各诸侯通常将自己的子孙分封为大夫，并各自给予封地，但晋国有所不同。因为晋献公在"骊姬之乱"时诛杀各个公子，同时也下令晋国不再分封公子、公孙为大夫，让原本可以保卫王室的宗族势力大损。而晋文公流亡归国即位后，因为警惕王子王孙，决心依靠异姓世家，所以组三军设六卿。从此，六卿便开始把握着晋国的军政大权。

六卿掌权

春秋晚期，随着晋国逐渐称霸，卿族的势力不断增大，对晋国国君的威胁也越来越大。到晋成公的时候，规定大臣卿族也可以被封为

"公族"并赐予田地。当时六卿中最有势力的赵盾，曾诛杀即位的新君，拥立他选择的继承人。这让晋国公室的力量更加衰微，再也无力制约异姓卿族世家。

到春秋末年，晋平公的时候，韩、赵、魏、智、范、中行氏六卿权倾朝野，相互倾轧，被称为"晋国六卿"。后来，赵氏把范氏和中行氏消灭了，晋国只剩下了智、赵、韩、魏四家，这其中以智氏的实力最为强大，智氏一心想着吞掉其他三家。

越王勾践北上称霸，当时智氏的掌权者智伯认为这是一个好机会。他对其他三家大夫说："晋国本是中原霸主，现在却被夺取了霸权，不如我们每家拿出一百里土地和一万个户口献给晋出公。"三家大夫心里都很不愿意，但是又惧于智伯的势力。最后韩、魏都答应了，只有

▲晋国主要流通货币：空首布

▲韩国主要流通货币：方足布

▲赵国主要流通货币：尖足布

▲魏国主要流通货币：桥足布

赵氏的赵襄子拒绝了这个提议。

赵、魏、韩灭智伯

晋出公在智伯的提议下，命智伯率韩、魏两家兵马攻打赵氏的晋阳城。赵氏拼死抵抗，固守城门两年多后，眼看就要支撑不住了。赵襄子的门客张孟谈给他建议说："韩、魏虽然表面上追随智伯，但并非心甘情愿，我们可以尝试策反他们。"于是入夜后，张孟谈悄悄溜进敌军营地找到韩、魏两家的掌权人，成功地说服了他们。第二天夜里，等智伯睡着后，韩、赵、魏三家一起反过来偷袭了智伯。最后智伯被杀，他的军队也全军覆没。

韩、赵、魏为了斩草除根，继续攻打智家的领土，杀光了智家两百多人，平分了他家的土地。晋出公大怒，向齐国和鲁国借兵讨伐韩、赵、魏三家，却没想到大败于三家联军，最后晋出公也病死在了逃亡的路上。

随后晋哀公即位，但他已经完全不能约束三卿。公元前 403 年，三卿把晋国剩下的土地瓜分，并派使者朝见周天子。周朝天子威烈王正式将他们三家封为诸侯。从此，曾经称霸中原的晋国被分为了赵国、魏国和韩国，史称"三家分晋"。

❷ 田氏代齐

齐国的王室本是吕姓，而田氏取代吕氏则经过了八代人的经营，耗费了 286 年。

田氏入齐

齐国田氏最早的始祖叫作田完。他本叫陈完，是陈国的公族，因为逃难来到了齐国。到齐国后，陈完兢兢业业地为齐桓公工作，待人接物也十分讲究礼节，甚至还谢绝了齐桓公封他为卿的好意，这让齐桓公更加器重他。慢慢地，陈完在齐国扎稳脚跟，还把自己的名字改成田完，并娶了齐国王室的女儿。

积攒民心

经过一代一代的经营，田桓子继承了爵位。这时候，齐国先后发生几次内乱，最终在田桓子的帮助下，齐景公的王位得以稳固。此后田桓子就成为齐景公的得力助手，帮助齐景公清除了把持朝政多年的

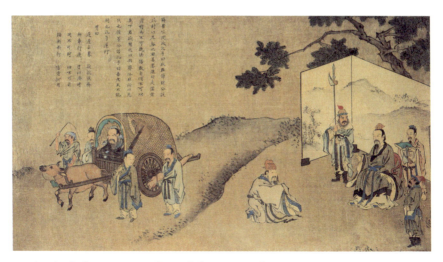

▲明·仇英《孔子圣迹图》之《景公问政图》

两大家族。同时，田桓子还减轻自己封地的赋税，使得许多老百姓都纷纷归附于自己。就这样，田氏宗族的实力与日俱增。

大臣晏婴曾提醒齐景公，要小心田氏篡权。但齐景公不以为然，认为田氏忠心耿耿，无可怀疑，并将齐国的内政全盘交给田氏打理。齐景公贪图享乐，不顾民生疾苦，而田氏这边一边颁布有利于百姓的政策，赢得民心，一边注重培养家族内部的人才，终成为齐国的望族。

终得大权

齐景公死后，田桓子的儿子田乞清除了另外两个敌对的氏族，拥立齐悼公，并自立为宰相。从此田氏完全掌握了齐国的国政。不久后，田乞又杀死了齐悼公，立其子为齐简公。

田乞死后，他的儿子田常成了新的宰相。齐简公想要削弱田氏的权力，任田常为左相，再让一人作右相。几年过去，他们的矛盾越来越大，终于在公元前481年爆发。田常杀死了右相，齐简公也在出逃的过程中被他抓住并被杀死。至此，田氏已经成为齐国实际上的主人。

窃钩者诛，窃国者侯

出自《庄子·胠箧》。"窃国"，指的就是田氏代齐事件。意思是偷钩的要处死，篡夺政权的人反倒成为诸侯。用以讽刺"圣人之道"的虚伪和不合理。

公元前391年，田完后人田和废掉了齐国国君齐康公，自立为王，并在公元前386年，最终得到了周天子周安王的册封，命为齐侯。"田氏代齐"自此完成。

战国初期：魏国独霸

随着"三家分晋"和"田氏代齐"的完成，战国七雄的格局逐步形成。

战国初期，魏国是最强盛的国家，这与第一代国君魏文侯在七雄之中首先实行变法有密不可分的关系。

❶ 魏国的崛起

在当时，社会经济已经与春秋时期有很大的不同。为了与时俱进，使国家更加强盛，魏文侯四处招揽人才，帮助自己进行改革。其中，李悝（kuī）就是一个功不可没的改革家。

李悝年轻的时候在魏国和秦国交界处的小地方做官，积累了很多军事和政治经验，魏文侯认为李悝是一个不可多得的人才，任用李悝推行变法。在李悝的改革下，实施"尽地力"和"平籴"的政策，分配给农民耕地，同时国家在丰收年以平价购买余粮，饥荒时再平价出售给农民，这些政策让农民更有干劲，使得农业大大发展。他还废除维护贵族的世卿世禄制度，选贤任能，奖励对国家有功的人。另外，李悝还写了中国第一部比较系统的成文法典《法经》，使得魏国的社会更加秩序井然。除此之外，魏文侯任用吴起为将，采取了新的军事制度，这让魏国的军队战斗力也大大增强。魏文侯还启用了西门豹治水，为百姓开挖水渠、灌溉农田，使得魏国拥有了富庶的粮仓。

❷ 围魏救赵

经过不断的改革和发展，魏国的国力日益增强。等到魏文侯的孙子魏惠王即位时，魏国成为战国时期新一代的霸主。

公元前354年，赵国进攻受魏国保护的卫国，于是魏国联合宋国出兵反击，派大将庞涓带兵围攻赵国，魏、卫、宋三国联军直逼赵国都城邯郸，赵国向齐国求助。于是齐国派大将田忌和军师孙膑前去救援。孙膑向田忌建议："魏国进攻赵国，一定带出了它最好的士兵，而国内一定十分空虚，如果我们这时候去进攻魏国，魏军一定会回去营救，这样就能解除赵国的危难了。"田忌听后，采纳了这个计划，立即拔营向魏国进发，最后大败魏军，成功帮赵国解围，这就是历史上著名的"围魏救赵"。

在这时候，秦国和楚国也落井下石，趁魏国进攻赵国的时候分别抢占了它的一部分土地。不过魏国逐步扭转了战局，最终攻破了邯郸。两年后，魏惠王还调用韩国的军队，打败了齐、

▲孙膑像

宋、卫联军，最终迫使赵国结盟，并将邯郸归还赵国。

经过这三年的战役，魏国消耗了大量的人力物力，开始走向衰落。

❸ 魏国的衰落

之后，魏国又和秦国发生几次战役，但都不敌秦国。最终魏国只好选择和秦国修好，得以勉强挽回败局。魏惠王决定趁着当时还算强盛的声势，会盟诸侯，以表霸主地位，并图谋进攻秦国。秦国知悉后十分紧张，便派出卫鞅说服了魏惠王，让他转而进攻齐国和楚国，激怒齐国和楚国。

公元前342年，魏国出兵攻打韩国，韩昭侯派使者向齐国求救。齐国接到韩国的求援后，没有立即出兵，而是等到韩国接连五次战败，韩、魏打得筋疲力尽时，齐威王才派出田忌和孙膑伐魏救韩。在马陵之战中，魏军中了齐军的埋伏，主将庞涓被杀，太子申被擒，魏军十多万人全被齐军歼灭。经此一战，魏国元气大伤。齐国则气势鼎盛，在东面渐渐形成了与西面秦国的对立之势。此后孙膑的军事才能也得到了大家的广泛认可，由此闻名天下。

在随后的几年中，魏国又多次受到齐国、秦国和赵国的进攻，屡战屡败，此后便一蹶不振。公元334年，魏惠王前往徐州与齐威王会盟，互尊对方为王，这就是"徐州相王"。战国进入了齐国和秦国争霸的时期。

战国中期：齐秦相争

在魏国衰落的同时，齐国渐渐崛起；起初不受人注意的秦国，国力也逐渐上升。对于相继强盛的两个大国来说，霸主之位势在必得。

❶ 齐威王励精图治

魏国称霸期间，齐威王即位，他是"田氏代齐"后第四位国君。他继位的前几年，仰仗齐国国力雄厚，贪图玩乐，不理朝政，将所有事务都交给卿大夫管理。其他诸侯见状，先后趁机攻打齐国，抢占领地，齐国境内民不聊生。

邹忌讽齐王纳谏

齐威王的臣子看在眼里急在心里，宰相邹忌便想出一个办法劝谏威王。一天，他告诉齐威王说："前几日，臣听闻城北徐公是天下数一数二的美男子，便分别问了我的妻子、小妾和门客：'我和徐公谁更美？'他们回答我更美，但我后来亲眼见过徐公后自愧不如，刚刚深思后才想明白原因。"齐威王问："你说说看是什么原因。"

邹忌答道："因为我的妻子偏爱我，我的妾害怕我，我的门客有求于我，所以都说我比徐公美。"他接着说，"现在齐国地大物博，宫里的妃嫔亲信没有不偏爱大王的，满朝大臣没有不害怕大王的，国境之内没有不有求于大王的。由此看来，大王也受了太严重的蒙蔽了！"

齐威王一听，顿时恍然大悟，立即发布命令，鼓励大臣和百姓向他提出批评建议。刚开始群臣都去进谏，朝廷像集市一样热闹。数日后，进谏的人越来越少；一年后，齐威王励精图治，齐国得到了很大的改善，人们想提意见都没有可提的。

辨贤除奸

同时，齐威王也开始认真辨别忠臣与奸臣。即墨大夫因为不会讨好齐威王身边的人，常被人背地里说坏话，但齐威王派人考察他管理的地区后，奖励了他的杰出工作。而另一个阿城大夫虽然常常用钱贿赂齐威王身边的人替他美言，但是他管理的地方民怨载道，齐威王知道后烹杀了阿城大夫和帮他说过好话的人。

就这样，齐威王在邹忌的帮助下进行了全方位的改革，让齐国上下都呈现出新气象。后来，齐威王又多次派兵帮助赵国和韩国，并大败魏国。自此，齐国的威望愈发鼎盛，逐渐成为东方霸主。

❷ 秦国的复兴

秦国的复兴要从秦献公说起。在秦献公出生以前，秦国经历了数次内乱，国力大为削弱，而魏国也趁机多次入侵秦国。秦献公年轻时，为躲避国内的政治谋杀，流亡魏国二十九年。

秦献公归国

在这漫长的流亡生涯中，秦献公目睹了魏国的繁盛和秦国的衰败，最终决心回国夺位。他一面学习研究魏国的强国经验，另一面仔细观察秦国国内的局势。他终于等到了机会。精心筹备一年后，在魏国君主魏武侯的帮助下，秦献公回到了秦国并杀死了政敌，抢回了自己的王位。

继位之后，秦献公与魏国讲和，边境安定，因此得以专心改革秦国的各项制度。秦献公废除了殉葬制度，迁移了都城，并扩大商业活动，使国内经济得到很好的发展。后秦献公又开始对外征战，收复河西等失地。秦国的国力日渐提升，逐渐恢复往昔威望，这也为日后秦国的商鞅变法打下了基础。

商鞅变法

秦献公去世后，年仅 21 岁的秦孝公继位。为增强秦国实力，在诸侯国的争霸中处于有利地位，秦孝公立志变法图强，希望实现父亲未竟的宏愿。他四处发布求贤令，吸引了许多人才，其中就有卫国人商鞅。

其实，魏国的国相本在很早之前就向魏惠王推荐过商鞅，并且告诉魏惠王："他年轻有为，是大才。如果主公不用他，就一定要杀掉他，不要让他投奔其他国家。"魏惠王并没有把这话放在心上。到秦孝公时，商鞅变法揭开序幕。秦孝公任命商鞅为左庶长，分别在公元前356年和公元前350年两次实行变法，从经济、政治和军事上全方位改革了秦国的制度。废井田、开阡陌，实行县制，奖励耕织和战斗，实行连坐之法是商鞅变法的主要内容。

商鞅第一次变法的主要内容有：实行《法经》，并增加了连坐法，轻罪重刑；重农抑商，奖励耕织，以农业为本；废除旧的世卿世禄制度，奖励军功，贵族没有军功的就没有爵位；推行个体小家庭制度等。秦国自从商鞅变法以后，农业生产增加了，军事力量也强大了。

之后，商鞅开始了第二次变法：废除了贵族井田制、奴隶制、土地国有制度；推行县制，并迁都咸阳；统一度量衡，编订户口，五家为伍，十家为什，并按人口征收军赋；革除残留的戎狄风俗，规范社会风俗等。

经过商鞅变法，秦国很快富强起来，人民安居乐业，社会秩序井然，这也为秦孝公对外征战的胜利奠定了基础。在几次战役后，秦国从魏国手中收复了许多失地，重新成为西边的霸主。

▲商鞅方升图。这是由商鞅负责监造的秦国标准量器，也是中国度量衡史上极重要的珍品。

不过，商鞅的变法改革得罪了很多旧贵族，他们怀恨在心。秦孝公死后，秦惠文王即位。旧的贵族编造罪名，报复商鞅。秦惠文王为平息贵族的怒气，不得不以五马分尸的极刑处死了商鞅。商鞅虽然死了，但他的改革措施仍旧被留下了，并成为秦国走向霸主之路不可或缺的宝藏。

❸ 齐衰秦盛

魏国衰落时，正是齐、秦、楚三国鼎立之时。后来楚国渐渐衰落，局势又变为齐、秦对峙。齐、秦便开始争取其他诸侯国，不断攻击对方；而剩下的几个国家，就在联秦抗齐与联齐抗秦中摇摆。

楚霸南方

楚国本是春秋时期的老牌强国，但在春秋末期因为吴国的入侵而大伤元气。不过随着后来几代君王的治理渐渐有所好转。战国初期，楚悼王任用吴起变法，国力大增，并多次打败周边国家，天下都畏惧楚国的势力。

楚悼王死后，楚国发生内乱，国力有损，但依旧强大。到楚宣王和楚威王即位时，楚国的国力达到了巅峰，被称为"宣威盛世"。在此期间，楚宣王扶持了秦献公和秦孝公，秦国和楚国两国交好，共同对付魏国。后来齐魏相互称王，楚威王大怒，发兵大败齐威王，称霸一时。就这样，楚国的盛世一直延续到楚怀王时期。

秦国破坏齐楚联盟

楚怀王时期，秦国和齐国更加强盛起来，楚国成为双方拉拢的对象。一开始，齐国抢占先机，率先与楚国联盟，这让秦国想要攻打齐国的计划落空。秦国决心拆散齐国和楚国的联盟。

为此，秦国派大臣张仪到楚国，劝说楚怀王与齐国绝交，而与秦国结盟，并口头许诺归还此前占领的部分领土。楚怀王信以为真，但

▲傅抱石《屈原图》

等楚国和齐国断交后，秦国却拒绝兑现诺言。楚怀王大怒，发兵攻秦，但没想到在丹阳被秦军大败，被杀八万士兵，被占六百里地。

不久后，张仪又说服韩、赵、魏与秦国合作，一起攻打楚国，占领了楚国大片地区。公元前299年，楚怀王不顾屈原忠告，受骗前往秦国，被扣留后，最终死于秦国。从此，楚国的强国地位一去不复返，齐、秦相争的时代到来。

苏秦反间，齐国衰落

在这场拉锯战的开始，齐国本略占上风。公元前307年，赵国的赵武灵王大兴改革，让赵国的军事实力显著提高，这自然成了秦国向东发展的障碍。秦昭王为了打击赵国，派使者请齐湣王与其结盟，联合其他五个国家共同攻击赵国。

▲乐毅像

此时，燕国大臣苏秦也在齐国活动，他因为帮助齐王灭宋，深得齐王信任。在他的劝说下，齐王拒绝了秦国的提议，并在公元前287年，联合燕、韩、魏、赵等国军队，联合进攻秦国。秦国大败，割让土地给魏国和赵国求和。

不过不管是灭宋，还是攻秦，苏秦并不是真正为齐国或是赵国着想，他最终的目的是联合秦国和赵国来攻击齐国。因为如果齐国强盛，燕国就更加危险。

公元前286年，齐国成功灭宋，更加名声大震，但同时也让其他国家更加不安。苏秦继续悄悄游说各国君主联合起来反对齐国。终于，在公元前284年，燕国联合秦国、韩国、赵国、魏国，组成五国联军，由大将军乐毅为大统领，讨伐齐国。最后，联军一直攻破了齐国都城，夺取了齐国大部分疆土。

当乐毅率领燕军开始破齐时，苏秦被齐王以间谍之罪而车裂于市。苏秦用数年的精心谋划和生命的代价，换取了齐国的衰落与燕国的安全。

战国晚期：从分裂到统一

五国伐齐后，尽管齐将田单最后驱逐了燕军，收服了失地，但齐国元气大伤，再也没有与秦国抗衡的能力。齐国退出争霸舞台后，赵国成了秦国在东边的唯一对手。

❶ 秦赵相争

一开始，秦国并没有与赵国起正面冲突，相反，选择与赵国暂时修好，专心消灭其他国家。

灭楚魏，败于赵

首先受到攻击的就是楚国。公元前 278 年，秦昭襄王派大将军白起，率秦兵数万，进攻楚国都城鄢郢（yǐng）一带，并在两年内攻克了其周围百里的富庶地带，在此建立南郡。楚王被迫迁都，楚国势力也大大削弱。

秦攻破楚都后，下一个目标就是魏国。秦国几次攻打魏国后，魏国投入赵国的怀抱，联合赵国攻打秦国的附属国韩国，但没想到被秦国的援军打得损失惨重，最终割地求和。

最后，秦国把目光转回了赵国。此时的赵国国富兵强，也在不断攻取齐国和魏国的土地，这必然与秦国积累众多矛盾。公元前269年，因为赵国不履行交换领土的协议，秦国出兵攻打赵国，赵国将领赵奢用计大破秦军。而后秦国再次进攻，将军廉颇又让秦军吃了苦头。

喋血长平

接二连三的惨败，大挫了秦国的锋芒，让秦国决定先攻击周边的韩国。韩王知悉后，十分惊恐，愿意割让上党来求和。但上党的百姓并不愿意，派出使者到赵国求援，愿意献出上党换取保护。

赵国国君与大臣商议后，决定冒险接受这个提议。为了防止秦军来进攻，他派出了经验丰富的老将廉颇驻守长平。

赵国的行为引起了秦国的不满。公元前262年，秦国出兵伐赵，进攻长平，赵将廉颇迎战。但前几个月中，赵军连败。廉颇观察形势，认为秦军人马众多，粮草运输困难，不利于久战。于是他命令赵军凭险扎营，修筑堡垒，固守城池，他认为时间一长，秦军自然不战而退。就这样，廉颇与秦军僵持了三年之久。

但赵王以为廉颇是畏惧秦军而久久不战，十分不满，几次派人责备廉颇。这时，秦军的粮草供应也开始紧张，秦

▲白起像

将白起十分着急。于是，他采用了谋士的计策，想让赵国换掉廉颇。他派人到赵国到处散布谣言，说："廉颇怯懦畏战，秦军并不害怕，秦军害怕的是一个叫作赵括的年轻将领。"

纸上谈兵

出自《史记·廉颇蔺相如列传》，意思是指在纸面上谈论打仗。比喻空谈理论，不能解决实际问题。也比喻空谈不能成为现实。

赵孝成王听后，轻信了秦国的谣言，立马让赵括顶替了廉颇的主将之位。然而赵括并没有实战经验，只知道纸上谈兵。同时，他狂妄自大，也不听有经验的长者的意见。反间计成功后，秦军假意换掉将军白起，让赵括更加轻敌。

公元前 260 年，赵括一到前线就大举出兵进攻秦军。白起用计将赵军团团包围，赵军连番突围都以失败告终，而赵括也被射死。

这场大决战后，赵国彻底退出了争霸的舞台。

❷ 始皇嬴政，一统中华

与其他六国渐次衰颓相反，秦国始终如一颗冉冉上升的新星，愈发闪耀。几年之内，秦国平定了富庶的巴蜀之地，更进一步地保障了自己的粮草兵马。秦国还吞并了周天子的领地，周王室从此不复存在。

秦王嬴政是秦国最后一个王，也是中国第一个皇帝，被称作秦始皇。到他即位时，秦国已经在多年的战争中吞并了其他国家的大片土地。嬴政感到统一中国的机会终于到来，公元前 230 年到前 221 年，秦军以秋风扫落叶之势，灭掉了韩、魏、楚、燕、赵、齐六国。

出生赵国，身世奇特

赢政从出生开始就带有传奇色彩。公元前 267 年，秦昭王的太子死在魏国，两年后立了第二个儿子安国君为太子。安国君有二十多个儿子，但他最宠爱的华阳夫人却没有儿子。后来赵国需要人质，他就把一个不受宠的儿子异人（后来的秦庄襄王）送去了赵国。因为秦、赵连年交战，再加上是庶出，异人在赵国很不受待见。

卫国有一个大商人叫吕不韦，他去赵国都城邯郸做生意，见到异人十分欣喜，说："异人就像是一件珍惜的宝物，可以囤积起来，等待以后高价卖出。"于是他成功说服异人，成了异人的谋士。吕不韦用重金打通关系，见到了华阳夫人，并说服她让异人认她为母，改名子楚。同时，吕不韦还给了异人资金支持，让异人在赵国广结人脉。就这样，异人的名声在赵国见长。

据野史记载，异人在吕不韦所设的宴席上看到了一个叫作赵姬的绝美姬妾，便让吕不韦将其赠给他。当时赵姬刚怀上了吕不韦的孩子，但是她并没告诉异人，直到十个月后生下了一个儿子，起名赢政。异人也将赵姬立为夫人。

死里逃生，继位除敌

公元前 257 年，赢政两岁。秦国围攻邯郸，情况危急，赵国想要杀死异人。所幸吕不韦贿赂了守城小官，异人才得以逃回秦国。赵国想杀掉赵姬和赢政，因为赵姬的身份母子才得以幸免于难。

公元前 251 年秦昭王去世，安国君继位。在华阳夫人的劝说下，异人被立为太子。此时，赵国也将赵姬和嬴政归还给秦国。没想到守孝一年后，安国君刚刚正式登上王位三天就突发疾病去世了。异人继位，为秦庄襄王，吕不韦则被异人封为丞相。

公元前 247 年，秦庄襄王去世，嬴政继位成为新的秦王。因为嬴政年少，吕不韦把持了国家朝政，在朝堂上的势力越来越大。嬴政一直想除掉吕不韦的力量。公元前 237 年，嬴政趁势免除了吕不韦的职位，将其流放，最终吕不韦喝下毒酒自杀身亡。

吞并六国，一统中华

清理完政敌后，嬴政真正掌权，他开始任用尉缭和李斯等人，积极实现他统一中国的理想。

公元前 236 年，赵国和燕国发生战争，秦国趁机抢占了赵国大片土地。公元前 234 年，秦国又大举进攻赵国，并在所占之地设立雁门郡和云中郡。

公元前 230 年，秦国俘虏了韩王，韩国灭亡。而此时赵国旱灾，秦国派大将王翦（jiǎn）趁机围攻赵国。赵王的宠臣收受了秦国的贿赂，散布流言说赵国领军大将谋反。赵王改换新将领，赵军不久就被秦国一举歼灭，赵国灭亡。

公元前 227 年，嬴政又派王翦攻击燕国。燕国败后迁都，秦军追击，燕王将太子丹的首级献给秦国求和，才免于被灭。但嬴政并没有停下征伐的脚步，两年后，他先灭掉了魏国。同一年，他两次派大军进攻楚国，先败后胜，最终擒获了楚王。接下来的两年，王翦继续在江南征战，降伏了越国之君后，楚国终于灭亡。这一年，燕国也被秦国所灭。

到公元前 221 年时，六个国家只剩下齐国。齐国此时也不堪一击，秦国从燕国南下，很快就灭掉了齐国。

就这样，从公元前 230 年至公元前 221 年的十年时间里，韩赵魏楚燕齐六国被秦国尽数所灭。公元前 219 年，南方的百越地区也被纳入秦国管辖。

至此，中国自春秋以来的分裂局面，终于在秦王嬴政的手里终结了。中国历史也迎来了新的篇章，大一统的秦帝国终于形成。

历史人物

SHI

REN

WU

至圣先师孔子

孔子（公元前 551 年—公元前 479 年），姓孔，名丘，字仲尼，鲁国陬邑（今山东曲阜）人。孔子是春秋时期的大思想家和教育家，儒家学派的创始人。相传孔子的弟子有三千多人，其中有七十二位贤人。孔子去世后，他的弟子们把他的言行语录等记录下来，整理成儒家经典《论语》。孔子被后世尊称为"大成至圣先师"，其儒家思想对中国和世界都有深远的影响，他也被列为"世界十大文化名人"之首。

❶ 仕途坎坷，推行仁政

孔子出生在鲁国，祖上曾是宋国贵族。孔子三岁时，父亲叔梁纥（hé）去世，所以孔子从小和母亲相依为命。因为父亲去世早，孔子早年生活贫寒，社会地位低贱，因此也学会了很多谋生的技能。到孔子十七岁时，鲁国当时最有权势的贵族看中了他的才能，让他做自己儿子的家教。后来他又渐渐受到更多官员的赏识，孔子曾做过仓库管理员，也曾经担任过管理牲畜的小吏，后来由此出任主管营建的司空。

▲明·王谔《孔子画像》

孔子三十五岁时，鲁国内乱，鲁国国君被赶出了鲁国，最后死在了齐国。孔子也辞官前往齐国，但在齐国并不受重用。孔子后转到宋、卫两国，也被人驱逐，又在陈国和蔡国两国间辗转，最后还是返回了鲁国。

孔子回到鲁国后，因为四处碰壁，决定离开官场，开始教书育人。孔子本着"有教无类"和"因材施教"的原则，认为任何人都可以接受教育，应该一视同仁地根据他们的特点对他们进行教育。孔子的学生越来越多，声望也越来越高。孔子有弟子三千多人，其中有七十二贤人。七十二位贤人中有属于贵族出身的孟懿子、南宫敬叔、孟武伯、司马牛等人；也有属于贫民和卑贱之人的颜路、颜回、仲弓、闵子骞等人，甚至还有"梁父之大盗"的颜涿聚。

孔子五十多岁时，鲁国更加安定了。孔子再次进入官场，先是做中都宰，即主管中都的行政长官，后来又做了司空，主管工程。最后一路做到大司寇，管理全国的司法事宜。但是孔子推行以仁治国，用道德教化百姓，而不是用刑罚镇压百姓。在他的管理下，鲁国的人民安居乐业，卖肉的人不敢随意抬价，路上有人遗留了东西也没人捡起来，从其他国家来的客人全都受到客客气气的接待，像是回到自己家里一样。

齐国听说鲁国因为孔子而越来越好，十分紧张，就派人到鲁国国君鲁定公面前说孔子的坏话，让他疏远了孔子。孔子知道后，不得不与自己的弟子们离开鲁国，开始周游列国，希望寻找到能够实现他理想的国家。此时孔子五十五岁。

❷ 编写《论语》，弟子三千

鲁哀公十一年（公元前 484 年），周游列国十四年后的孔子终于又回到鲁国，他把精力都投放在教书育人、整理古书上。

孔子陆续完成了《诗》《书》《礼》《乐》《易》《春秋》等六部书的整理和修订，这几部书都对后世影响极大。孔子认为，看一个国家，看这个国家的教化情况就可以知道了。如果这个国家的人温和、淳朴、忠厚，就是以《诗》教化的结果；如果这个国家的人博古通今有远见，就是以《书》教化的结果；如果这个国家的人豁达、平易而又善良，就是以《乐》教化的结果；如果这个国家的人内心洁净、精查隐微，就是以《易》教化的结果；如果这个国家的人恭敬、节俭而又端庄，就是以《礼》教化的结果；如果这个国家的人善于连缀文辞、排比史实，就是以《春秋》教化的结果。

公元前 479 年，孔子去世，终年七十三岁。孔子去世时，已经有了三千多个学生，各个国家都有他的得意门生。他去世后，他的弟子们把他平时的言行语录编成了《论语》，这本书到今天为止都是儒家经典。《论语》中不仅记载了许许多多孔子生平故事，还留存了孔子思考人生的大智慧。

例如，孔子认为，学习最重要的是谦虚好学。有一次，孔子游历到卫国。卫国有一个大夫叫作孔圉（yǔ），卫国国君为了让后人学习和发扬他的好学精神，特别赐给孔圉一个"文"的称号。孔子的学生子

▲唐·阎立本所画孔子弟子

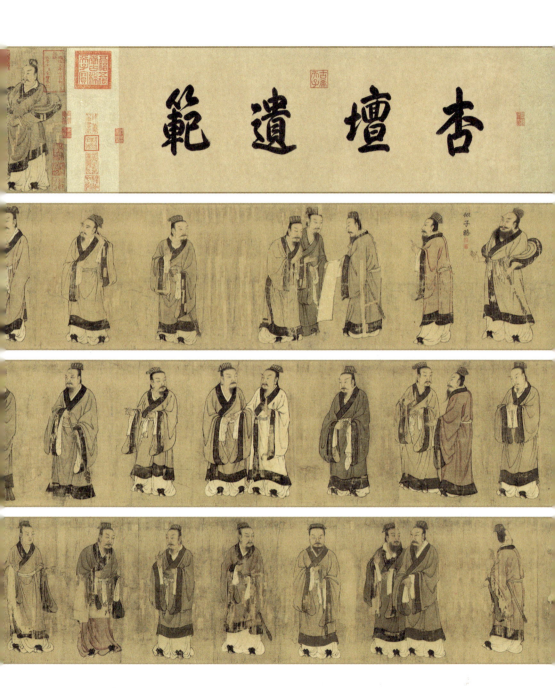

贡有些不服气，认为孔圉并不像人们所说的那么好，不应该得到那么高的评价。于是子贡愤愤不平地问孔子："凭什么孔圉能得到文的称号？"孔子说："因为孔圉十分聪敏又好学，常常虚心向比自己学问差和地位低的人请教，并且不把这个看作丢脸的事，所以他值得这个称号。"

　　直到今天，人们都还在学习孔子的智慧。

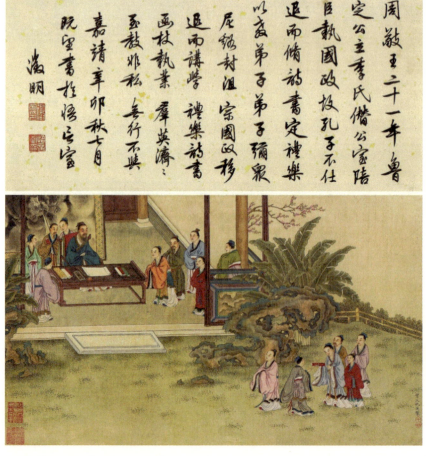

▲明·文徵明《孔子授书图》

心怀天下的孟子

孟子（公元前 372 年—公元前 289 年），名轲，字子舆，战国时期邹国（今山东省邹城市）人。孟子是中国古代著名的思想家、教育家，战国时期儒家代表人物。他把孔子的儒家思想继续发扬光大，成为仅次于孔子的一代儒家宗师，后人把他与孔子并称为"孔孟"，有"亚圣"之称。

❶ 孟母三迁与断机杼

孟子很小的时候，他的父亲就去世了，孟母独自一人带着他生活。孟母很重视孟子的教育，对他的管教十分严厉，希望他日后能够成才成贤。《三字经》中"昔孟母，择邻处。子不学，断机杼"讲的就是孟母为了孟子成长"三迁"和"断机杼"的故事。

一开始，孟子和母亲住在墓地旁边。孟子就和邻居的小孩一起学着大人跪拜，玩起办丧事的游戏。孟母看到了，皱起眉头："不行！不能让我的孩子住在这里了！"孟母带着他搬到了市集旁。到了市集旁，孟子又和邻居的小孩学起商人做生意吆喝的样子。孟母皱了皱眉，决

孟母斷機教子圖
鄒孟軻之母也號孟母其舍近墓孟子之少也嬉遊為墓間之事踊躍築埋孟母曰
此非吾所以居處子也乃去舍市傍其嬉戲為賈人衒賣之事孟母曰此非吾所以
居處子也復徙舍學宮之傍其嬉遊乃設俎豆揖讓進退孟母曰真可以居吾子矣
遂居之至童稚既學而歸孟母方織問曰學所至矣孟子曰自若也孟母以刀斷其
織孟子懼而問其故孟母曰子之廢學若吾斷斯織也夫君子學以立名問則廣知
是以居則安寧動則遠害今而廢之是不免於厮役而無以離於禍患也何以異於
織績而食中道廢而不為寧能衣其夫子而長不乏糧食哉女則廢其所食男則墮
於修德不為竊盜則為虜役矣孟子懼旦夕勤學不息師事子思遂成天下之名儒
千古之亞聖君子謂孟母知為人母之道矣詩云彼姝者子何以告之此之謂也昔
乾隆二十八年歲次昭陽協洽暮月既濟生畫於西子湖頭讀畫樓蒋蓮識

清·康寿《孟母断机教子图》

定带孟子再次搬家，经过再三挑选，他们搬到了一所学校附近。常会有官员到这里行礼跪拜，相互礼貌交谈，孟子见了也一一学会，变得更加知书达理。孟母终于满意地点点头，从此和孟子在这里定居下来。

后来孟子开始上学，起初对学习很有兴趣，但时间一长就很厌烦，常常逃学。孟母知道后十分生气，拿起剪刀就把织布机上的线剪断，并对孟子说："你荒废学业，就像我割断织布机上的线一样。这布是需要连续不断一丝一线地织起来的，一旦割断了，就再也无法织成。求学也是这样，如果你半途而废，就会离成为有用之才越来越远。"孟子听了后，明白了做事不能半途而废，而应持之以恒。

从此以后，孟子学习再没偷懒，最终成为一代大家。

❷ 周游列国，劝谏君王

孟子生活的时代，战争连年不断，老百姓苦不堪言。孟子决定周游列国，希望能游说各国国君推行儒家的"仁政"思想。

孟子先后去了齐、宋、滕等国家，到孟子五十三岁时，来到了魏国，见到了当时的梁惠王。梁惠王对孟子说："我尽心用力地治理国家，爱护百姓，却不见百姓增多，这是什么原因呢？"孟子打比方说："让我用打仗来比喻吧！双方军队在战场上相遇，免不了要进行厮杀。输的那一方免不了要丢盔弃甲逃命，假如一个跑了五十步的士兵去嘲笑一个跑了一百步的士兵贪生怕死，你说对不对？"梁惠王说："自然不对！"孟子接着说："同样的道理，你虽然照顾了百姓，但你喜欢打仗，

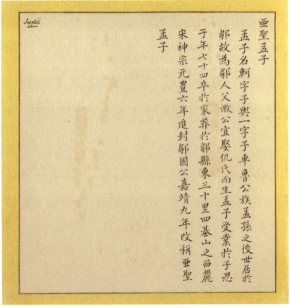

亞聖孟子

孟子名軻字子輿一字子車魯公族孟孫之後世居於
鄒故為鄒人父激公宜聚仉氏而生孟子受業於子思
于年七十四卒於家葬於鄒縣東三十里四基山之西麓
宋神宗元豐六年追封鄒國公嘉靖九年改稱亞聖
孟子

▲孟子像 清·无名氏《历代帝王圣贤名臣大儒像》

百姓会成百上千地死去，这和邻国又有什么区别呢？"后来孟子觉得梁惠王一心向战，没办法施展"仁政"的思想抱负，于是离开了魏国。

孟子又来到齐国。那时候的齐国国君为齐宣王，齐宣王昏庸无能，常常轻信奸佞谗言。孟子就对齐王打了一个比方："天下虽然有生命力十分顽强的生物，但假如把他放在太阳底下晒一天，然后再放到阴冷的地方冻十天，它哪里还活得成？"齐王说："这个道理很对！"孟子又接着说："大王您就好比这生命力顽强的生物，我跟您在一起的时间是很短的，王即使有了一点从善的决心，可是我一离开你，那些奸臣又来哄骗你，你又会听信他们的话，叫我怎么办呢？"

孟子六十多岁时，结束了二十多年的周游列国的生活，回到故乡邹国，专心教书育人，编书著书，最终留下了《孟子》一书，流传至今。《孟子》一共有七篇，是由孟子和弟子共同编著成的，记录了孟子的主要思想，也成为儒家学派的重要著作。

公元前 289 年，孟子去世。

道家祖师"老庄"

道家同儒家一样，也是春秋战国时创立，后发展成为中国重要思想流派。道家学派的代表人物是老子和庄子，他们常常被后人合称为"老庄"。

❶ 创立道家的老子

老子是春秋末期的大思想家，后被道教尊为始祖，就是我们熟知的"太上老君"。

老子，姓李，名耳，字聃（dān），所以老子也被称为"老聃"。老子出生在楚国，自幼聪慧好学，常常缠着让大人讲国家兴衰、祭祀占卜的事情。后来他向一位精通礼乐的老先生商荣学习天文地理、古今礼仪，日日与老师讨论人生哲理与治国之道。三年后，商荣对老子的母亲说，老子的学识已经超过了他，他已经没有什么能教授给老子的了。当时周朝的首都典籍如海，贤士如云，老先生看出老子天资聪颖，鼓励老子去周都深造。

老子的母亲担心老子在异乡无法照顾自己。老先生一眼就看出了她的难处，忙说自己有一位好朋友正好在周都做官府学校的老师，可

▲明·张路《老子骑牛图》

10

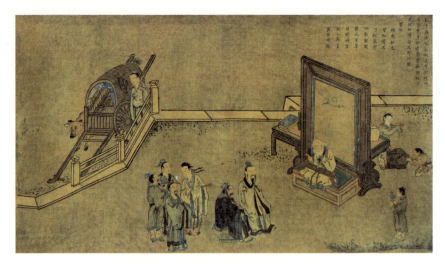

▲明·仇英《孔子圣迹图》之问理老聃

以照看老子的衣食住行。老子的母亲这才放心地让老子外出求学。老子到周朝都城后，跟随老师商荣的朋友继续学习，并进入太学学习天文地理。老子的学问果然大有长进，不久便被推荐做管理图书的官员，这正好方便他继续研习各类学问。又过了几年，老子升任守藏室的史官。

老子因为博古通今而名扬四海，孔子就曾两次专程从鲁国前来，向他请教学问和做人的道理。老子晚年时，周王室内乱，老子看到周王室腐败不堪，决定辞官隐居。老子骑着青牛一路向西行，来到了函谷关。当时驻守函谷关的长官为尹喜，对老子十分敬佩。尹喜想让老子收他为弟子，但是老子以年龄大推辞了。尹喜坚持对老子说："先生您想出关也可以，但是得留下一部著作。"老子听后，无法推辞，就在函谷关写下了五千余字的传世经典《道德经》。

❷ 追随内心的庄子

庄子（约公元前 369 年—公元前 286 年），名周，战国时期宋国人。庄子是中国伟大的思想家、哲学家，他继承并发扬了老子的道家思想。

庄子年轻的时候做过宋国地方的漆园吏，但是因为看不惯官场的钩心斗角，不久之后辞职专心在家著书。庄子的生活十分清贫，只能靠卖草鞋、屠宰牛羊、油漆门窗等维持生计，有时甚至需要向别人借粮食。

但庄子的学识和贤德远近闻名，楚威王甚至派使者请他去做相国。但庄子对使者说："大王用千两黄金和至尊相位来请我，确实是相当了不起的事。但您见过祭祀时的牛吗？人们把牛喂养肥了，祭祀的时候也披红挂彩，但最终还是把它杀了。我宁愿在泥塘自寻快乐，也不想受一国之君的约束。我一辈子不想做官，让我永远自由快乐地生活吧。"庄子就这样笑着拒绝了楚王的高官厚禄，从此醉心于鱼鸟之乐中。

庄子喜欢清静无为的生活，他常常能从生活中悟出精妙的哲理。有一天，庄子在山中行走，看见一棵枝叶繁茂的大树。伐木的人停在那棵树旁却没有砍伐。庄子前去询问原因，伐木人答道："这棵树没有什么用处。"庄子思索片刻说："这棵树因为不成材，结果得以终享天年。"庄子出山，来到城里的朋友家。朋友很高兴，叫童仆杀一只雁款待庄子。童仆问："一只雁会叫，一只不会叫，杀哪只？"主人说："杀不会叫的。"庄子的弟子很疑惑，问："树木因为不成材而不被砍，

▲清·金廷标《濠梁图》。这幅画的故事取自《庄子·秋水篇》，原文为："庄子与惠子游于濠梁之上。庄子曰：'鲦鱼出游从容，是鱼之乐也。'惠子曰：'子非鱼，安知鱼之乐？'庄子曰：'子非我，安知我不知鱼之乐？'惠子曰：'我非子，固不知子矣；子固非鱼也，子之不知鱼之乐，全矣。'庄子曰：'请循其本。子曰汝安知鱼乐云者，既已知吾知之而问我，我知之濠上也。"

但雁却因为不成材被杀死，我们到底应该选择成材还是不成材呢？"庄子笑着说："不管是如何选择都会有祸害。因为这是人制定的规则，所以你会处于尊位而被议论，无用则会被欺侮。真正的办法是遵循自然的法则做事，一切都随着时势而变化，这样就不会有褒贬，也就不会有祸害了。所以你真正要努力的方向，应该是去领悟这自然的法则。"这也就是庄子的"无为而治"的理念。

庄子一生崇尚自由，厌恶仕途，他继承并大力发展了老子的道家思想，与老子并称"道家之祖""老庄"。庄子坚持"忘我""贵生""道我和一""天地与我并生，万物与我为一"的精神境界，一生"著书十余万言，大抵率寓言也"。庄子的文章集中在《庄子》一书中。现存的《庄子》有三十三篇，文字雄美，想象力丰富，其中最经典的就是人们熟知的《逍遥游》，这不仅是一部哲学著作，更是一部文学著作。

大外交家晏子

春秋时期，齐国出了一个深谋远虑的政治家，叫作晏婴。他是齐国的三朝老臣，辅佐三代君王五十多年，被人们尊称为"晏子"。晏子（？—公元前 500 年），名婴，字仲，夷维（今山东省高密市）人。晏子能言善辩，富有政治远见，外交能力一流，在当时的诸侯国之间很是出名。

❶ 华而不实

晏子常常用精妙的譬喻来批评君王。有一次齐景公对晏子说："东海里有一片红色水域，那里的枣树只开花不结果，这是什么原因？"晏子回答："从前，秦穆公乘龙船巡视天下，用黄布包裹着蒸枣。龙舟泛游到东海，秦穆公抛弃裹枣的黄布，使那黄布染红了海水。又因枣被蒸过，所以只开花，不结果。"

齐景公不满意地说："我装着问，你为什么对我胡说八道？"晏子说："对于假装提问的人，也可以虚假地回答他。"齐景公只能悻悻地沉默了。

❷ 二桃杀三士

晏子机智过人，为齐景公化解了多次危机。齐景公手下有三个猛士，虽然武力高强，但居功自傲。晏子认为他们将是政治隐患，建议齐景公杀掉他们。齐景公担心无法用武力制服他们三个，于是晏子想了一条妙计。

他让齐景公赏了三个人两个桃子，让他们论功而食。其中两人都先后报出自己的功绩，分别拿了一个桃子。这时剩下的一人认为自己的功绩更高，拔剑怒斥前两个人。那两个人一听，十分羞愧，就把自己的桃子都让出来，并挥剑自尽了。而第三人见状，觉得吹捧自己羞辱别人的话太丢脸面，也拔剑自尽。

就这样，晏子靠着两颗桃子，兵不血刃地为齐景公除掉了心头大患。

▲西汉墓墓室壁画《二桃杀三士》

❸ 晏子使楚

晏子不仅帮助齐王解决国内的政治问题，也是一位能言善辩的外交家。他最脍炙人口的事迹之一，便是他出使楚国的故事。

晏子作为使者出使楚国，楚王知道晏子身材矮小，就命人在城墙大门旁开了个小门，请晏子从此处钻过去。晏子明白楚王是存心戏弄他，便笑着说："到'狗国'才走狗洞，我现在出使楚国，不应该走狗洞啊！"楚国的官员只好乖乖请晏子从大门进去。

进入皇宫后，晏子拜见楚王。楚王打量了一下晏子说："难道齐国没有人了吗？竟派您做使臣。"晏子不慌不忙地回答说："齐国首都临淄有七千多户人家，展开衣袖可以遮天蔽日，挥洒汗水就像天下雨一样，人挨着人，肩并着肩，脚尖碰着脚跟，怎么能说齐国没有人呢？"

楚王追问说："既然这样，为什么派你这样一个人来做使臣呢？"晏子笑着回答说："齐国派遣使臣，各有各的出使对象，贤明的使者被派遣出使贤明的君主那儿，不肖的使者被派遣出使不肖的君主那儿，我是最无能的人，所以就只好委屈下出使楚国了。"楚王自讨没趣，便不作声了。

后来又有一次，晏子出使楚国，楚王高兴地请晏子喝酒。酒过三巡，大家兴致正高的时候，两个小官绑来一个人跪在楚王面前。楚王故意问："绑着的人是做什么的？"来人说："他是齐国人，犯了盗窃罪。"楚王不怀好意地看着晏子问道："齐国人如此擅长偷窃吗？"晏子离开座位，恭敬地答道："我听说淮南的柑橘又大又甜，但到淮北却只能结出又小又苦的枳。齐国人在齐国安居乐业，怎么一到楚国就做起盗贼来，莫非楚国的水土让百姓偷东西吗？"楚王自知理亏地笑了笑说："果然不能同圣人开玩笑呢。"

齐景公四十八年（公元前 500 年），晏子去世，他的许多故事都记载于《晏子春秋》，至今为人们津津乐道。

大军事家孙膑

孙膑是战国中期的大军事家，是齐威王的得力助手。相传，孙膑是写出《孙子兵法》的孙武的后代。

① 同窗陷害，出逃齐国

孙膑，字伯灵，因受到膑刑故称为孙膑。孙膑与庞涓同窗，二人一同拜师学习兵法。庞涓为人阴险而有野心，他学业未成就自以为是地离开，去魏国做了魏惠王的将军，凭借自己的才能显赫一时。

但庞涓听闻孙膑曾经获得老师密授的兵法之学，十分不安，认为自己的才能比不上孙膑，担心有一天会被孙膑抢走风头。于是他暗地里派人找借口把孙膑请到魏国，方便监视和控制。庞涓将孙膑推荐给魏惠王，魏惠王尊孙膑为客卿，但没有给孙膑实际的权力。

中国现存最早的兵书《孙子兵法》

《孙子兵法》的作者孙武是春秋末期的齐国人。他从齐国流亡吴国，帮助吴王治军，威震天下，被尊为"兵圣"。后来他把毕生练兵经验写入这本《孙子兵法》，这本书是中国现存最早的兵书，被誉为"兵学圣典"。这本书全书有六千多字，一共十三篇，包括了战争的准备、指挥、机变、地理和特殊战法等部分。后世古今中外的许多大将，都曾从中得到启发，赢得战争。

　　孙膑来到魏国后，常常在魏惠王面前展现自己的才能。庞涓很是恼火，决定除之而后快。庞涓向魏惠王诬陷孙膑与齐国私通，魏惠王大怒，下令对孙膑处以膑刑和黥刑，也就是挖去孙膑的膝盖骨并在脸上刺字。庞涓还假惺惺地向魏惠王请命免孙膑一死，但条件是孙膑把兵法之学教给他。孙膑识破了庞涓的诡计，一个字也不愿意说，装疯卖傻欺骗庞涓。庞涓便将孙膑关进大牢，继续折磨他以逼他开口。

　　所幸这时齐国使者来到魏国，孙膑想办法用刑徒的身份秘密拜见了齐国使者，使者看出了孙膑不同凡响，便偷偷地用车将他载回齐国。逃到齐国的孙膑得到了将军田忌的赏识，成为田忌家中的门客。

❷ 田忌赛马，以弱胜强

　　孙膑成为田忌的门客后，常常去看田忌与齐国诸公子赛马，这是田忌最喜欢的活动。有一次，齐威王约定，要进行一场比赛。田忌总是用上马对齐威王的上马，中马对中马，下马对下马。由于齐威王每个等级的马都比田忌那个等级的马好，赛了几次，田忌都输了，觉得十分扫兴。

　　孙膑暗暗观察了整场比赛，心中有了一条妙计，便对田忌说："下一轮比赛，您只管下注，我定能让您取胜。"田忌疑惑地问："那现在去哪里换马？"孙膑笑笑说："一匹马都不用换，您只管听我安排马便好。"

　　第一场比赛，孙膑让田忌的下等马对齐王上等马，意料之中输了。

第二场比赛，孙膑让田忌的上等马对齐王的中等马，没想到获胜了。第三场比赛，孙膑用中等马对齐王的下等马，又胜了一局。如此比了三回，三局两胜，田忌赢了齐威王。

齐威王得知田忌是因为有一位谋士才反败为胜，便召见了孙膑，孙膑因此成为齐威王的军师。

❸ 设伏歼敌，大败庞涓

在孙膑的出谋划策下，齐国在与魏国的战争中屡屡获胜。公元前341年，魏国攻打韩国。韩国向齐国求助，齐威王以田忌为主将、孙膑为军师，攻打到魏国首都大梁，迫使魏军急忙从韩国撤军返回魏国，而领军之人正好是之前陷害孙膑的庞涓。

孙膑深知魏军和庞涓自恃甚勇，一定会轻敌。他决定制造齐军怯战的假象，诱敌深入，再设伏围歼。他命令进入魏国境内的齐军第一天埋设十万个做饭的灶，第二天减为五万个，第三天减为三万个。庞涓行军查看这些留下的灶后，很是高兴："齐军果然跑了一大半！"于是他丢下步兵，只带了些精锐骑兵追击齐军。

孙膑估算到庞涓天黑能行至马陵，而那里道路狭窄，两旁又多是险峻的关隘。孙膑命人把道旁大树的树皮剥掉，露出白木，并在树上写下一行字："庞涓死于此。"然后他命令一万名弓弩手埋伏在道路两旁，并下令，天黑之后，如果看到这里有火光，就一同射箭。

夜里，庞涓果然带兵赶到此处，他隐约看到白木上写着字，于是

春秋战国

点火想一看究竟。结果字还没读完，齐国的伏兵就万箭齐发，魏军大乱。庞涓自知已经无力回天，于是拔剑自刎。

齐军乘胜追击，歼灭魏军数十万人，俘获了魏国太子。正是在这一场战争中，魏国元气大伤，失去霸主地位。此后，齐国取而代之，成为东方霸主。

战国四公子

战国末期，秦国的势力越来越大。各国贵族为了对抗秦国，竭力网罗人才。他们广招宾客，扩大自己的势力，因此"养士"之风盛行。而其中最为著名的就有魏国的信陵君魏无忌、赵国的平原君赵胜、楚国的春申君黄歇、齐国的孟尝君田文，他们被后人合称为"战国四公子"。

❶ 信陵君魏无忌：窃符救赵

魏无忌是魏昭王的儿子，魏昭王去世后，他的哥哥安釐王继位，封魏无忌于信陵，因而他被称为信陵君。

魏无忌为人宽厚，礼贤下士，各国士人都争相归附于他，他门下最多时有三千食客。因此，各国都很忌惮他的影响力，十多年不敢动兵侵犯魏国。而在国家危难之时，魏无忌身后的门客也帮助他屡立奇功，化危为安。

公元前257年，秦国的军队包围了赵国都城邯郸，赵国形势危急万分。赵国丞相平原君的妻子是魏无忌的姐姐，她派人向魏国求助。

▲清·吴历《人物故事图册》之信陵君

魏王便派将军晋鄙领兵十万前去救赵。秦国派人威胁魏王："如果谁敢救赵，我一定会攻打它！"魏王一听，赶紧叫晋鄙原地待命。而另一边，赵国情况愈加危险，平原君多次派使来催促魏军，魏无忌和其他大臣千方百计劝说魏王，但魏王仍旧按兵不动。魏无忌看在眼里急在心里，决计自己带着门下宾客去战场上与秦军决一死战。

魏无忌离开时，见到了门下的侯嬴。侯嬴劝说他，此事不可强攻，只能智取，并献上一条妙计。侯嬴说："晋鄙的兵符就放在魏王的卧室，魏王的宠妃如姬可以随时出入然后将其偷出。您曾经帮助如姬报了杀父之仇，她一定愿意回报您的恩情。如此，您便能够得到晋鄙的军权。"魏无忌听从了这一建议，顺利拿到兵符，起身前去调兵。

侯嬴对魏无忌说："如若晋鄙见了兵符仍旧不听从，就可以让我的屠夫朋友朱亥杀死他。"魏无忌来到营地，晋鄙果然起了疑心，朱亥见状杀死了晋鄙。魏无忌就这样接管了军队，最后挑出精兵八万人开赴前线。秦军见状撤离，邯郸得救，赵国也安然无恙。

魏无忌因此得罪了魏王，只能在赵国居住，十几年后才回到魏国。

❷ 平原君赵胜：使楚求援

平原君赵胜是赵武灵王的儿子，他的哥哥赵惠文王将他的封地封在东武城，被大家称为"平原君"。他如信陵君一样，贤德爱民，门下也有食客上千人。故而在秦国围攻邯郸时，他的门客也出力不少。

秦国攻打赵国都城邯郸时，赵孝成王派赵胜去楚国求援，赵胜需要挑选二十位文武兼备又有勇有谋的门客与他同去，结果选得十九人，还差一位人选。这时候他门下有一个叫作毛遂的人走上前来，推荐自己。赵胜问："您来我的门下几年了？"毛遂说："三年了。"赵胜皱了皱眉头："贤能的人在世上，就像是把锋利的锥子放在口袋里，立即就显出锋芒。您在这里已经三年了，大家都没有特别赞扬您，说明您没有特别的才能。请您留下吧。"毛遂说："我不过今天才请求进您的口袋中罢了。要是我早点就在口袋中，早已露出锋芒。"平原君一听觉得此人不简单，便带上他一同前行。

一路上，毛遂与其他十九个同伴谈论天下局势，其他人无不佩服他的才识。到了楚国，赵胜与楚王谈判一整天还没结果，但赵国情势已经是火烧眉毛了。毛遂便大步走上前去，大声说道："出兵之事，非利即害，简单明白，为何现在还没有结果？"楚王十分恼火，得知他是平原君门客后，呵斥他赶紧退下。毛遂非但未退，反而走上前去，手按宝剑，说："楚国虽然人多势众，但如今十步之内，大王的性命就在我手中！"楚王见状，心头一惊，见他勇猛非凡，便请他继续讲下去。毛遂有条不紊地把出兵援赵对楚国的益处一一做了分析，楚王听了心悦诚服，答应出兵。几日后，楚国的军队就和魏国的援军一同到达，秦军因此撤退。

平原君感慨，自己识人无数竟然也把这样的人才遗漏了，此后他把毛遂尊为上宾。

❸ 春申君黄歇：退秦护君

黄歇是楚国的大臣，四公子里面唯一个不是王室的人。他年少时就聪颖过人，四处拜师，博闻善辩。早在楚考烈王的父亲楚顷襄王做国君时，他就深得楚王赏识，曾孤身入秦，凭借过人的智识，劝退秦军入侵楚国。

公元前 278 年，秦军大举攻打楚国，接连拿下几座城池，逼得楚国迁都。但直到六年后，楚顷襄王才派出黄歇前去求和。当时，秦昭王命大将白起联合韩赵两国的兵力一起攻打楚国。黄歇此时恰好在秦国，听说此事后，上书秦昭王："如果秦楚相争，必定两败俱伤，他国必收渔翁之利。不如秦楚联盟，一起对付其他国家。"秦昭王一听觉得有理，便派遣使者备上厚礼与楚国结盟。

楚国因此免去了一场灾祸，但黄歇和楚国太子熊完作为人质被扣留在秦国整整十年。

公元前 263 年，楚顷襄王病重，但秦国拒绝了熊完回国的请求。秦国丞相范雎是熊完的好友，黄歇通过他说服秦王："如果楚王逝世，熊完回去继任为新的国君，必定与秦国交好；但反之，若是利用熊完要挟楚国，楚国另立太子，秦楚关系就会破裂，而熊完也没有价值了。"秦昭王听完后，决定派人先去楚国看看情况。

黄歇此时已经在为熊完考虑退路，他让熊完扮成使者的车夫逃出了秦国，他自己却为了掩护熊完没有离开。等熊完离开后，他才向秦王道出实情。秦王大怒，想要杀死黄歇，范雎劝道："如若熊完即位，必会重用黄歇，不如放他回去，表达秦国的亲善。"秦王同意了，并遣送黄歇回到楚国。

回到楚国三个月后，楚顷襄王去世，熊完即位，即楚考烈王。黄歇被封为相，赐淮北十二县土地。

黄歇不仅率军南征北伐，也招纳了许多贤士，缔造了楚国的智囊团。在他的帮助下，楚国愈发强盛。

❹ 孟尝君田文：智逃秦国

田文是齐威王的孙子。他的父亲齐靖郭君田婴有四十多个儿子，起初并不待见他，但后来田文凭借自己的才识最终得到了父亲的认同，并承袭了父亲的爵位和封地。他同其他公子一样，喜欢招揽门客，甚至犯罪逃亡的人，他也将之收纳门下。

公元前299年，田文率领众多门客代表齐王出使秦国。秦昭王对田文的才谋早有耳闻，立即让他在秦国做宰相。但秦国的大臣们极力劝阻："他毕竟是齐王的兄弟，事事必定为齐国先做打算！"秦王一听有理，就把田文囚禁起来，并准备杀掉田文。

秦王有一个宠妃，说话很有分量。田文知道这些消息后，连忙派人向这位宠妃求救。宠妃提出一个条件："我想要您的白色狐皮裘。"田文的确有这样一件宝物，价值千金，天下独一无二，但他已经献给了秦昭王。田文急得抓耳挠腮，他的一个门客站出来说："我没什么学识，但是我很擅长偷东西，让我来助您一臂之力吧。"于是，门客当夜披着狗皮，化装成狗，钻入秦国王宫的仓库，偷出了那件狐皮裘，献给了宠妃。经过宠妃的说情，秦昭王放了田文。

田文获释后，担心秦王反悔，改名换姓，乘车逃离。果然，秦王后悔放走了他，立即派人去追。不过已经是夜半时分，田文也已经跑到了秦国的关口函谷关。然而依照函谷关的规定，一定要等到公鸡鸣叫才能放人出关。眼看追兵就要赶上，此时一位门客站出来说："我没有什么能力，但我很会学鸡叫。"门客一学鸡叫，附近的鸡都跟着鸣叫起来，关口也因此开放，田文等人因此安全出关。

回到齐国后，田文担任了齐国的宰相，执掌国政，威震朝野。

有勇有谋的蔺相如

蔺相如，是战国时期著名的政治家、外交家，帮助赵国化解了多次危机。

① 完璧归赵

公元前 283 年，赵惠文王时，赵国得到了楚国的和氏璧。秦昭襄王听说了这件事，给赵王去信，说愿意用十五座城池交换和氏璧。赵王很为难，如果把和氏璧给秦王，万一得不到城池，就白白受骗；如若不给，又怕秦兵打过来。正在纠结之时，有人向赵王推荐了蔺相如，说他有勇有谋，适合出使。赵王召见了蔺相如，询问他破解之法。赵王问蔺相如："秦国想用十五座城池和我交换和氏璧，能答应吗？"蔺相如回答道："秦国强，赵国弱，不能不答应。"赵王说："如果秦国得到了和氏璧，但是不给城池，怎么办？"蔺相如说："秦国想以城换璧，赵国如果不答应，那么赵国理亏；赵国给了宝璧而秦国不给赵国城池，那么秦国理亏。两相权衡，宁可答应秦国，让秦国来承担理亏的责任。"

赵惠文王大赞蔺相如的分析，便放心地让他带着和氏璧出使秦国。

　　见到秦昭王后，蔺相如捧着和氏璧献给秦昭王。秦昭王大喜，但丝毫没有要交换城池的意思。蔺相如便走上前去，说："大王，这璧上有一个小红斑，我指给您看。"秦王毫无防备地把璧给了他。拿到璧后，蔺相如立即退后几步站定，身体靠着柱子，厉声对秦王说："大王想得到宝藏，大臣们都担心您不会信守承诺。但我认为大王并不是这样的人，我们赵王斋戒五天，派我恭敬地将宝物送来。这是对您表示尊重啊！但大王只是在游乐的地方接待我，又表现得如此傲慢。而且似乎也并没有给赵王城池的意思，那么我现在收回宝物。如果大王一定相逼，那今天我的头就和宝物一同在柱子上撞碎。"

　　秦王怕蔺相如真的撞碎和氏璧，立即向他道歉，还拿出地图指出哪些城池要交割给赵国。蔺相如知道秦昭王不过是用缓兵之计假意允诺，于是他对秦昭王说："和氏璧是天下公认的宝物，需要斋戒五天，然后举行九宾大典才能接受。"秦王虽不愿意，但也勉强答应了。趁着这五天的空当，蔺相如派他的随从乔装成平民，藏好宝物，从小道逃走，将和氏璧送回了赵国。

　　五天之后，秦王高兴地准备好典礼，准备迎请宝物。蔺相如到来后，对秦昭王说出了实情。有人建议杀掉蔺相如，但秦王思忖后说："如今杀了他，也终归得不到宝物，反而伤了两国交好，不如好好款待，送他回国罢了。"

　　蔺相如回国后，赵惠文王认为他十分称职，封他为上大夫。

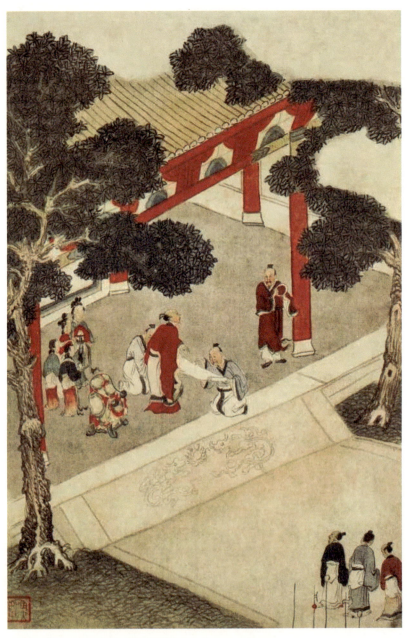

▲清·吴历《人物故事图册》之蔺相如完璧归赵

❷ 渑池之会

几年间，秦国与赵国多次交战，都损失惨重，秦昭王想和赵国讲和，以便集中兵力攻打楚国。公元前279年，秦昭王与赵惠文王相约在渑池会盟。

赵惠文王很害怕秦国，因此不想去赴约。蔺相如和将军廉颇劝谏道："如果您不去，就显得赵国懦弱胆小。"于是赵王同意赴会，蔺相如随行。

两王相见，酒兴正浓时，秦昭王故意说："听人说赵王爱好音乐，不如您来弹奏几曲吧！"赵王不好推辞，只能照做。秦国的史官立即写道："秦王与赵王饮酒，赵王为秦王弹瑟。"蔺相如见状，走上前去说："赵王也听说秦王擅长击打瓦缶，不如也一起加入演奏，以示同乐！"秦王大怒，拒绝了蔺相如的要求。蔺相如上前递上瓦缶，跪请秦王演奏。秦王仍旧拒绝，蔺相如一字一顿地对秦王说："您若不答应，这五步之内，我拼了命也要将我脖颈的血溅在您身上！"侍从想杀蔺相如，但被他大声喝退。秦王无可奈何，只得敲了一下缶。蔺相如回过头让赵国史官也写上："秦王为赵王击缶。"

酒会继续进行。秦国的大臣们说："请你们用十五座城向秦昭王祝寿。"蔺相如马上回击说："那请你们用秦国的咸阳向赵惠文王祝寿。"直到酒宴结束，秦昭王始终也未能在口舌上压倒赵国。而赵国本也部署了大批军队来防备秦国，秦国因此不敢轻举妄动。

渑池会结束以后，蔺相如居功至伟，被赵王封为上卿。

公元前770年：周平王迁都洛邑，东周春秋时期开始

公元前744年：郑庄公即位

公元前722年：郑庄公平定叔段之乱

公元前685年：齐桓公即位，任管仲为相

公元前656年：齐桓公率鲁、宋等七国联军伐楚

公元前651年：齐桓公葵丘会盟，成为春秋首霸

公元前638年：宋、楚泓水之战，宋襄公败

公元前632年：晋、楚城濮之战，楚军大败，晋文公称霸

公元前623年：秦穆公称霸西戎

公元前597年：晋楚邲之战，晋军大败；楚庄王称霸

公元前551年：孔子出生

公元前506年：吴王阖闾伐楚

公元前496年：越王勾践大败吴军，阖闾死；吴王夫差即位

公元前473年：越王勾践灭吴

公元前453年：三家分晋，战国开始

公元前379年：田氏代齐

公元前359年：商鞅开始在秦国变法

公元前353年：齐国围魏救赵

公元前341年：马陵之战，齐国孙膑大败魏军

公元前284年：燕国大将乐毅率领五国联军讨伐齐国

公元前283年：蔺相如完璧归赵

公元前278年：秦将白起攻入楚国都城，楚国迁都。诗人屈原投江

公元前270年：范雎入秦，秦实行远交近攻计

公元前260年：长平之战，秦白起大破赵括

公元前257年：信陵君窃符救赵，春申君领军援赵，大退秦军

公元前256年：秦灭周

公元前238年：秦王嬴政亲政

公元前227年：荆轲刺秦失败

公元前230年到公元前221年：秦灭六国

公元前219年：秦灭百越，统一中国

图书在版编目（CIP）数据

春秋战国 / 罗玉池著 . -- 太原：山西人民出版社 ,2022.2
（写给孩子的简明中国史 / 李中跃主编）
ISBN 978-7-203-12205-0

Ⅰ . ①春… Ⅱ . ①罗… Ⅲ . ①中国历史—春秋战国时代—少儿读物
Ⅳ . ① K225.09

中国版本图书馆 CIP 数据核字 (2022) 第 034744 号

春秋战国
CHUNQIU ZHANGUO

著　　者：罗玉池
责任编辑：孙宇欣
复　　审：李　鑫
终　　审：贺　权
装帧设计：吕宜昌

出　版　者：山西出版传媒集团·山西人民出版社
地　　　址：太原市建设南路 21 号
邮　　　编：030012
发行营销：0351-4922220　4955996　4956039　4922127（传真）
天猫官网：https://sxrmcbs.tmall.com　电话：0351-4922159
E-mail：sxskcb@163.com　发行部
　　　　　sxskcb@126.com　总编室
网　　　址：www.sxskcb.com

经 销 者：山西出版传媒集团·山西人民出版社
承 印 厂：北京永诚印刷有限公司

开　　本：655mm×965mm　1/16
印　　张：6.25
字　　数：66 千字
印　　数：1—5000 册
版　　次：2022 年 9 月　第 1 版
印　　次：2022 年 9 月　第 1 次印刷
书　　号：ISBN 978-7-203-12205-0
定　　价：36.00 元